mein IMMOBILIEN- PORTFOLIO

Dieses Buch gehört:

Name: _____

Tel. Nr.: _____

E-Mail: _____

Wenn gefunden, bitte Kontakt aufnehmen

© Immobilieninvestor R. M. Heinz

Inhaltsverzeichnis

Immobilie 1 _____ S. 4

Immobilie 2 _____ S. 14

Immobilie 3 _____ S. 24

Immobilie 4 _____ S. 34

Immobilie 5 _____ S. 44

Immobilie 6 _____ S. 54

Immobilie 7 _____ S. 64

Immobilie 8 _____ S. 74

Immobilie 9 _____ S. 84

Immobilie 10_____ S. 94

Immobilie 1

Adresse: _____

_____

Tag der Besichtigung: _____

Maklerinformationen:

Name: _____

Tel. Nr.: _____

E-Mail: _____

Art der Immobilie: _____

Kaufpreis: _____

Grundstück: _____ m²

Wohnfläche: _____ m²   Gewerbefläche: _____ m²

Garage/Stellplatz: _____   Kaufpreis: _____

Wohnungen: _____   Etagen: _____   Zimmer: _____

Schlafzimmer: _____   Badezimmer: _____

Baujahr: _____   Objektzustand: _____

Ausstattung: _____   Heizungsart: _____

Energieausweis: ☐ Endenergiebedarf: _____

Finanzielles

Maklerprovision: _____

Notarkosten: _____

Grundbucheintrag: _____

Grunderwerbsteuer: _____

Kaufnebenkosten: _____

Bankinformationen:

Bank: _____

Adresse: _____
_____

Ansprechpartner: _____

Tel. Nr.: _____

E-Mail: _____

Kreditnummer: _____

Kreditsumme: _____

Eigenkapital: _____

Zinssatz: _____

Laufzeit: _____

Monatliche Rate: _____

_____

Mieteinnahmen: _____

Rendite: _____

Versicherung: _____

Adresse: _____

_____

Versicherungsnummer.: _____

Versicherungsbeitrag.: _____

Schadensabdeckung: _____

_____

Ansprechpartner: _____

Tel. Nr.: _____

E-Mail: _____

Versicherung: _____

Adresse: _____

_____

Versicherungsnummer.: _____

Versicherungsbeitrag.: _____

Schadensabdeckung: _____

_____

Ansprechpartner: _____

Tel. Nr.: _____

E-Mail: _____

Versicherung: _____

Adresse: _____

_____

Versicherungsnummer.: _____

Versicherungsbeitrag.: _____

Schadensabdeckung: _____

Ansprechpartner: _____

Tel. Nr.: _____

E-Mail: _____

Versicherung: _____

Adresse: _____

_____

Versicherungsnummer.: _____

Versicherungsbeitrag.: _____

Schadensabdeckung: _____

Ansprechpartner: _____

Tel. Nr.: _____

E-Mail: _____

Name: _____

Adresse: _____

_____

Telefonnummer: _____

Mobil: _____

E-Mail: _____

_____

Name: _____

Adresse: _____

_____

Telefonnummer: _____

Mobil: _____

E-Mail: _____

_____

Name: _____

Adresse: _____

_____

Telefonnummer: _____

Mobil: _____

E-Mail: _____

_____

Name: _____

Adresse: _____

_____

Telefonnummer: _____

Mobil: _____

E-Mail: _____

_____

_____

Name: _____

Adresse: _____

_____

Telefonnummer: _____

Mobil: _____

E-Mail: _____

_____

_____

Name: _____

Adresse: _____

_____

Telefonnummer: _____

Mobil: _____

E-Mail: _____

_____

_____

Instandhaltungsprotokoll

Datum	Schaden/Ursache	Kosten	Behoben am/durch

Instandhaltungsprotokoll

Datum	Schaden/Ursache	Kosten	Behoben am/durch

Immobilie 2

Adresse: _____

_____

Tag der Besichtigung: _____

Maklerinformationen:

Name: _____

Tel. Nr.: _____

E-Mail: _____

Art der Immobilie: _____

Kaufpreis: _____

Grundstück: _____ m²

Wohnfläche: _____ m²   Gewerbefläche: _____ m²

Garage/Stellplatz: _____   Kaufpreis: _____

Wohnungen: _____   Etagen: _____   Zimmer: _____

Schlafzimmer: _____   Badezimmer: _____

Baujahr: _____   Objektzustand: _____

Ausstattung: _____   Heizungsart: _____

Energieausweis: ☐ Endenergiebedarf: _____

Finanzielles

Maklerprovision: _____

Notarkosten: _____

Grundbucheintrag: _____

Grunderwerbsteuer: _____

Kaufnebenkosten: _____

Bankinformationen:

Bank: _____

Adresse: _____

_____

Ansprechpartner: _____

Tel. Nr.: _____

E-Mail: _____

Kreditnummer: _____

Kreditsumme: _____

Eigenkapital: _____

Zinssatz: _____

Laufzeit: _____

Monatliche Rate: _____

_____

Mieteinnahmen: _____

Rendite: _____

Versicherung: _____

　　　　　Adresse: _____

　　　　　　　　　　_____

　　Versicherungsnummer.: _____
　　Versicherungsbeitrag.: _____

　　Schadensabdeckung: _____

_____

Ansprechpartner: _____
　　　　　Tel. Nr.: _____
　　　　　E-Mail: _____

Versicherung: _____

　　　　　Adresse: _____

　　　　　　　　　　_____

　　Versicherungsnummer.: _____
　　Versicherungsbeitrag.: _____

　　Schadensabdeckung: _____

_____

Ansprechpartner: _____
　　　　　Tel. Nr.: _____
　　　　　E-Mail: _____

Versicherung: _____

Adresse: _____

_____

Versicherungsnummer.: _____

Versicherungsbeitrag.: _____

Schadensabdeckung: _____

Ansprechpartner: _____

Tel. Nr.: _____

E-Mail: _____

Versicherung: _____

Adresse: _____

_____

Versicherungsnummer.: _____

Versicherungsbeitrag.: _____

Schadensabdeckung: _____

Ansprechpartner: _____

Tel. Nr.: _____

E-Mail: _____

Name: _____

Adresse: _____

_____

Telefonnummer: _____

Mobil: _____

E-Mail: _____

_____

_____

Name: _____

Adresse: _____

_____

Telefonnummer: _____

Mobil: _____

E-Mail: _____

_____

_____

Name: _____

Adresse: _____

_____

Telefonnummer: _____

Mobil: _____

E-Mail: _____

_____

_____

Name: _____

Adresse: _____

_____

Telefonnummer: _____

Mobil: _____

E-Mail: _____

_____

_____

Name: _____

Adresse: _____

_____

Telefonnummer: _____

Mobil: _____

E-Mail: _____

_____

_____

Name: _____

Adresse: _____

_____

Telefonnummer: _____

Mobil: _____

E-Mail: _____

_____

_____

Instandhaltungsprotokoll

Datum	Schaden/Ursache	Kosten	Behoben am/durch

Instandhaltungsprotokoll

Datum	Schaden/Ursache	Kosten	Behoben am/durch

Immobilie 3

Adresse: _____

_____

Tag der Besichtigung: _____

Maklerinformationen:

Name: _____

Tel. Nr.: _____

E-Mail: _____

Art der Immobilie: _____

Kaufpreis: _____

Grundstück: _____ m²

Wohnfläche: _____ m²   Gewerbefläche: _____ m²

Garage/Stellplatz: _____   Kaufpreis: _____

Wohnungen: _____   Etagen: _____   Zimmer: _____

Schlafzimmer: _____   Badezimmer: _____

Baujahr: _____   Objektzustand: _____

Ausstattung: _____   Heizungsart: _____

Energieausweis: ☐ Endenergiebedarf: _____

Finanzielles

Maklerprovision: _____

Notarkosten: _____

Grundbucheintrag: _____

Grunderwerbsteuer: _____

Kaufnebenkosten: _____

Bankinformationen:

Bank: _____

Adresse: _____

_____

Ansprechpartner: _____

Tel. Nr.: _____

E-Mail: _____

Kreditnummer: _____

Kreditsumme: _____

Eigenkapital: _____

Zinssatz: _____

Laufzeit: _____

Monatliche Rate: _____

_____ _____

Mieteinnahmen: _____

Rendite: _____

Versicherung: _____

Adresse: _____

_____

Versicherungsnummer.: _____

Versicherungsbeitrag.: _____

Schadensabdeckung: _____

_____

Ansprechpartner: _____

Tel. Nr.: _____

E-Mail: _____

Versicherung: _____

Adresse: _____

_____

Versicherungsnummer.: _____

Versicherungsbeitrag.: _____

Schadensabdeckung: _____

_____

Ansprechpartner: _____

Tel. Nr.: _____

E-Mail: _____

Versicherung: _____

Adresse: _____

_____

Versicherungsnummer.: _____

Versicherungsbeitrag.: _____

Schadensabdeckung: _____

Ansprechpartner: _____

Tel. Nr.: _____

E-Mail: _____

Versicherung: _____

Adresse: _____

_____

Versicherungsnummer.: _____

Versicherungsbeitrag.: _____

Schadensabdeckung: _____

Ansprechpartner: _____

Tel. Nr.: _____

E-Mail: _____

Name: _____

Adresse: _____

_____

Telefonnummer: _____

Mobil: _____

E-Mail: _____

_____

_____

Name: _____

Adresse: _____

_____

Telefonnummer: _____

Mobil: _____

E-Mail: _____

_____

_____

Name: _____

Adresse: _____

_____

Telefonnummer: _____

Mobil: _____

E-Mail: _____

_____

_____

Name: _____

Adresse: _____

_____

Telefonnummer: _____

Mobil: _____

E-Mail: _____

_____

_____

Name: _____

Adresse: _____

_____

Telefonnummer: _____

Mobil: _____

E-Mail: _____

_____

_____

Name: _____

Adresse: _____

_____

Telefonnummer: _____

Mobil: _____

E-Mail: _____

_____

_____

Instandhaltungsprotokoll

Datum	Schaden/Ursache	Kosten	Behoben am/durch

Instandhaltungsprotokoll

Datum	Schaden/Ursache	Kosten	Behoben am/durch

Immobilie 4

Adresse: _____

_____

Tag der
Besichtigung: _____

Maklerinformationen:

Name: _____

Tel. Nr.: _____

E-Mail: _____

Art der Immobilie:_____
Kaufpreis:_____

Grundstück:_____ m²
Wohnfläche:_____ m²   Gewerbefläche:_____ m²
Garage/Stellplatz:_____   Kaufpreis:_____

Wohnungen:_____   Etagen:_____   Zimmer:_____
Schlafzimmer:_____   Badezimmer:_____

Baujahr:_____ Objektzustand: _____
Ausstattung:_____ Heizungsart:_____
Energieausweis: ☐ Endenergiebedarf:_____

Finanzielles

Maklerprovision: _____

Notarkosten: _____

Grundbucheintrag: _____

Grunderwerbsteuer: _____

Kaufnebenkosten: _____

Bankinformationen:

Bank: _____

Adresse: _____

_____

Ansprechpartner: _____

Tel. Nr.: _____

E-Mail: _____

Kreditnummer: _____

Kreditsumme: _____

Eigenkapital: _____

Zinssatz: _____

Laufzeit: _____

Monatliche Rate: _____

_____ _____

Mieteinnahmen: _____

Rendite: _____

Versicherung: _____

Adresse: _____

_____

Versicherungsnummer.: _____

Versicherungsbeitrag.: _____

Schadensabdeckung: _____

_____

Ansprechpartner: _____

Tel. Nr.: _____

E-Mail: _____

Versicherung: _____

Adresse: _____

_____

Versicherungsnummer.: _____

Versicherungsbeitrag.: _____

Schadensabdeckung: _____

_____

Ansprechpartner: _____

Tel. Nr.: _____

E-Mail: _____

Versicherung: _____

Adresse: _____

_____

Versicherungsnummer.: _____

Versicherungsbeitrag.: _____

Schadensabdeckung: _____

_____

Ansprechpartner: _____

Tel. Nr.: _____

E-Mail: _____

Versicherung: _____

Adresse: _____

_____

Versicherungsnummer.: _____

Versicherungsbeitrag.: _____

Schadensabdeckung: _____

_____

Ansprechpartner: _____

Tel. Nr.: _____

E-Mail: _____

Name: _____

Adresse: _____

_____

Telefonnummer: _____

Mobil: _____

E-Mail: _____

_____
_____

Name: _____

Adresse: _____

_____

Telefonnummer: _____

Mobil: _____

E-Mail: _____

_____
_____

Name: _____

Adresse: _____

_____

Telefonnummer: _____

Mobil: _____

E-Mail: _____

_____
_____

Name:

Adresse:

Telefonnummer:
Mobil:
E-Mail:

Name:

Adresse:

Telefonnummer:
Mobil:
E-Mail:

Name:

Adresse:

Telefonnummer:
Mobil:
E-Mail:

Instandhaltungsprotokoll

Datum	Schaden/Ursache	Kosten	Behoben am/durch

Instandhaltungsprotokoll

Datum	Schaden/Ursache	Kosten	Behoben am/durch

Immobilie 5

Adresse: _____

_____

Tag der Besichtigung: _____

Maklerinformationen:

Name: _____

Tel. Nr.: _____

E-Mail: _____

Art der Immobilie: _____

Kaufpreis: _____

Grundstück: _____ m²

Wohnfläche: _____ m²   Gewerbefläche: _____ m²

Garage/Stellplatz: _____   Kaufpreis: _____

Wohnungen: _____   Etagen: _____   Zimmer: _____

Schlafzimmer: _____   Badezimmer: _____

Baujahr: _____   Objektzustand: _____

Ausstattung: _____   Heizungsart: _____

Energieausweis: ☐ Endenergiebedarf: _____

Finanzielles

Maklerprovision: _____

Notarkosten: _____

Grundbucheintrag: _____

Grunderwerbsteuer: _____

Kaufnebenkosten: _____

Bankinformationen:

Bank: _____

Adresse: _____

_____

Ansprechpartner: _____

Tel. Nr.: _____

E-Mail: _____

Kreditnummer: _____

Kreditsumme: _____

Eigenkapital: _____

Zinssatz: _____

Laufzeit: _____

Monatliche Rate: _____

_____

Mieteinnahmen: _____

Rendite: _____

Versicherung: _____

Adresse: _____

_____

Versicherungsnummer.: _____

Versicherungsbeitrag.: _____

Schadensabdeckung: _____

_____

Ansprechpartner: _____

Tel. Nr.: _____

E-Mail: _____

Versicherung: _____

Adresse: _____

_____

Versicherungsnummer.: _____

Versicherungsbeitrag.: _____

Schadensabdeckung: _____

_____

Ansprechpartner: _____

Tel. Nr.: _____

E-Mail: _____

Versicherung: _____

Adresse: _____

_____

Versicherungsnummer.: _____

Versicherungsbeitrag.: _____

Schadensabdeckung: _____

Ansprechpartner: _____

Tel. Nr.: _____

E-Mail: _____

Versicherung: _____

Adresse: _____

_____

Versicherungsnummer.: _____

Versicherungsbeitrag.: _____

Schadensabdeckung: _____

Ansprechpartner: _____

Tel. Nr.: _____

E-Mail: _____

Name: _____

Adresse: _____

_____

Telefonnummer: _____

Mobil: _____

E-Mail: _____

_____

Name: _____

Adresse: _____

_____

Telefonnummer: _____

Mobil: _____

E-Mail: _____

_____

Name: _____

Adresse: _____

_____

Telefonnummer: _____

Mobil: _____

E-Mail: _____

_____

Name: _____

Adresse: _____

_____

Telefonnummer: _____

Mobil: _____

E-Mail: _____

_____

_____

Name: _____

Adresse: _____

_____

Telefonnummer: _____

Mobil: _____

E-Mail: _____

_____

_____

Name: _____

Adresse: _____

_____

Telefonnummer: _____

Mobil: _____

E-Mail: _____

_____

_____

Instandhaltungsprotokoll

Datum	Schaden/Ursache	Kosten	Behoben am/durch

Instandhaltungsprotokoll

Datum	Schaden/Ursache	Kosten	Behoben am/durch

Immobilie 6

Adresse: _____

_____

Tag der Besichtigung: _____

Maklerinformationen:

Name: _____

Tel. Nr.: _____

E-Mail: _____

Art der Immobilie: _____
Kaufpreis: _____

Grundstück: _____ m²
Wohnfläche: _____ m²   Gewerbefläche: _____ m²
Garage/Stellplatz: _____   Kaufpreis: _____

Wohnungen: _____   Etagen: _____   Zimmer: _____
Schlafzimmer: _____   Badezimmer: _____

Baujahr: _____   Objektzustand: _____
Ausstattung: _____   Heizungsart: _____
Energieausweis: ☐ Endenergiebedarf: _____

Finanzielles

Maklerprovision: _____

Notarkosten: _____

Grundbucheintrag: _____

Grunderwerbsteuer: _____

Kaufnebenkosten: _____

> **Bankinformationen:**
>
> Bank: _____
>
> Adresse: _____
>
> _____
>
> Ansprechpartner: _____
>
> Tel. Nr.: _____
>
> E-Mail: _____

Kreditnummer: _____

Kreditsumme: _____

Eigenkapital: _____

Zinssatz: _____

Laufzeit: _____

Monatliche Rate: _____

_____ _____

Mieteinnahmen: _____

Rendite: _____

Versicherung: _____

Adresse: _____

_____

Versicherungsnummer.: _____

Versicherungsbeitrag.: _____

Schadensabdeckung: _____

_____

Ansprechpartner: _____

Tel. Nr.: _____

E-Mail: _____

Versicherung: _____

Adresse: _____

_____

Versicherungsnummer.: _____

Versicherungsbeitrag.: _____

Schadensabdeckung: _____

_____

Ansprechpartner: _____

Tel. Nr.: _____

E-Mail: _____

Versicherung: _____

Adresse: _____

_____

Versicherungsnummer.: _____

Versicherungsbeitrag.: _____

Schadensabdeckung: _____

_____

Ansprechpartner: _____

Tel. Nr.: _____

E-Mail: _____

Versicherung: _____

Adresse: _____

_____

Versicherungsnummer.: _____

Versicherungsbeitrag.: _____

Schadensabdeckung: _____

_____

Ansprechpartner: _____

Tel. Nr.: _____

E-Mail: _____

Name: _____

Adresse: _____

_____

Telefonnummer: _____

Mobil: _____

E-Mail: _____

_____

Name: _____

Adresse: _____

_____

Telefonnummer: _____

Mobil: _____

E-Mail: _____

_____

Name: _____

Adresse: _____

_____

Telefonnummer: _____

Mobil: _____

E-Mail: _____

_____

Name: _____

Adresse: _____
_____

Telefonnummer: _____
Mobil: _____
E-Mail: _____
_____
_____

Name: _____

Adresse: _____
_____

Telefonnummer: _____
Mobil: _____
E-Mail: _____
_____
_____

Name: _____

Adresse: _____
_____

Telefonnummer: _____
Mobil: _____
E-Mail: _____
_____
_____

Instandhaltungsprotokoll

Datum	Schaden/Ursache	Kosten	Behoben am/durch

Instandhaltungsprotokoll

Datum	Schaden/Ursache	Kosten	Behoben am/durch

Immobilie 7

Adresse: _____

_____

Tag der
Besichtigung: _____

Maklerinformationen:

Name: _____

Tel. Nr.: _____

E-Mail: _____

Art der Immobilie: _____

Kaufpreis: _____

Grundstück: _____ m²

Wohnfläche: _____ m²   Gewerbefläche: _____ m²

Garage/Stellplatz: _____   Kaufpreis: _____

Wohnungen: _____   Etagen: _____   Zimmer: _____

Schlafzimmer: _____   Badezimmer: _____

Baujahr: _____   Objektzustand: _____

Ausstattung: _____   Heizungsart: _____

Energieausweis: ☐ Endenergiebedarf: _____

Finanzielles

Maklerprovision: _____

Notarkosten: _____

Grundbucheintrag: _____

Grunderwerbsteuer: _____

Kaufnebenkosten: _____

Bankinformationen:

Bank: _____

Adresse: _____

_____

Ansprechpartner: _____

Tel. Nr.: _____

E-Mail: _____

Kreditnummer: _____

Kreditsumme: _____

Eigenkapital: _____

Zinssatz: _____

Laufzeit: _____

Monatliche Rate: _____

_____ _____

Mieteinnahmen: _____

Rendite: _____

Versicherung: _____

Adresse: _____

_____

Versicherungsnummer.: _____
Versicherungsbeitrag.: _____

Schadensabdeckung: _____

_____

Ansprechpartner: _____
Tel. Nr.: _____
E-Mail: _____

Versicherung: _____

Adresse: _____

_____

Versicherungsnummer.: _____
Versicherungsbeitrag.: _____

Schadensabdeckung: _____

_____

Ansprechpartner: _____
Tel. Nr.: _____
E-Mail: _____

Versicherung: _____

Adresse: _____

_____

Versicherungsnummer.: _____

Versicherungsbeitrag.: _____

Schadensabdeckung: _____

Ansprechpartner: _____

Tel. Nr.: _____

E-Mail: _____

Versicherung: _____

Adresse: _____

_____

Versicherungsnummer.: _____

Versicherungsbeitrag.: _____

Schadensabdeckung: _____

Ansprechpartner: _____

Tel. Nr.: _____

E-Mail: _____

Name: _____

Adresse: _____

_____

Telefonnummer: _____

Mobil: _____

E-Mail: _____

_____
_____

Name: _____

Adresse: _____

_____

Telefonnummer: _____

Mobil: _____

E-Mail: _____

_____
_____

Name: _____

Adresse: _____

_____

Telefonnummer: _____

Mobil: _____

E-Mail: _____

_____
_____

Name: _____

Adresse: _____
_____
Telefonnummer: _____
Mobil: _____
E-Mail: _____
_____
_____

Name: _____

Adresse: _____
_____
Telefonnummer: _____
Mobil: _____
E-Mail: _____
_____
_____

Name: _____

Adresse: _____
_____
Telefonnummer: _____
Mobil: _____
E-Mail: _____
_____
_____

Instandhaltungsprotokoll

Datum	Schaden/Ursache	Kosten	Behoben am/durch

Instandhaltungsprotokoll

Datum	Schaden/Ursache	Kosten	Behoben am/durch

Immobilie 8

Adresse: _____

_____

Tag der Besichtigung: _____

Maklerinformationen:

Name: _____

Tel. Nr.: _____

E-Mail: _____

Art der Immobilie: _____

Kaufpreis: _____

Grundstück: _____ m²

Wohnfläche: _____ m²   Gewerbefläche: _____ m²

Garage/Stellplatz: _____   Kaufpreis: _____

Wohnungen: _____   Etagen: _____   Zimmer: _____

Schlafzimmer: _____   Badezimmer: _____

Baujahr: _____   Objektzustand: _____

Ausstattung: _____   Heizungsart: _____

Energieausweis: ☐ Endenergiebedarf: _____

Finanzielles

Maklerprovision: _____

Notarkosten: _____

Grundbucheintrag: _____

Grunderwerbsteuer: _____

Kaufnebenkosten: _____

Bankinformationen:

Bank: _____

Adresse: _____

_____

Ansprechpartner: _____

Tel. Nr.: _____

E-Mail: _____

Kreditnummer: _____

Kreditsumme: _____

Eigenkapital: _____

Zinssatz: _____

Laufzeit: _____

Monatliche Rate: _____

_____

Mieteinnahmen: _____

Rendite: _____

Versicherung: _____

Adresse: _____

_____

Versicherungsnummer.: _____

Versicherungsbeitrag.: _____

Schadensabdeckung: _____

_____

Ansprechpartner: _____

Tel. Nr.: _____

E-Mail: _____

Versicherung: _____

Adresse: _____

_____

Versicherungsnummer.: _____

Versicherungsbeitrag.: _____

Schadensabdeckung: _____

_____

Ansprechpartner: _____

Tel. Nr.: _____

E-Mail: _____

Versicherung: _____

Adresse: _____

_____

Versicherungsnummer.: _____

Versicherungsbeitrag.: _____

Schadensabdeckung: _____

_____

Ansprechpartner: _____

Tel. Nr.: _____

E-Mail: _____

Versicherung: _____

Adresse: _____

_____

Versicherungsnummer.: _____

Versicherungsbeitrag.: _____

Schadensabdeckung: _____

_____

Ansprechpartner: _____

Tel. Nr.: _____

E-Mail: _____

Name: _____

Adresse: _____

_____

Telefonnummer: _____

Mobil: _____

E-Mail: _____

_____

_____

Name: _____

Adresse: _____

_____

Telefonnummer: _____

Mobil: _____

E-Mail: _____

_____

_____

Name: _____

Adresse: _____

_____

Telefonnummer: _____

Mobil: _____

E-Mail: _____

_____

_____

Name: _____

Adresse: _____

_____

Telefonnummer: _____

Mobil: _____

E-Mail: _____

_____

_____

Name: _____

Adresse: _____

_____

Telefonnummer: _____

Mobil: _____

E-Mail: _____

_____

_____

Name: _____

Adresse: _____

_____

Telefonnummer: _____

Mobil: _____

E-Mail: _____

_____

_____

Instandhaltungsprotokoll

Datum	Schaden/Ursache	Kosten	Behoben am/durch

Instandhaltungsprotokoll

Datum	Schaden/Ursache	Kosten	Behoben am/durch

Immobilie 9

Adresse: _____   _____   Tag der Besichtigung: _____
Maklerinformationen: Name: _____   Tel. Nr.: _____   E-Mail: _____

Art der Immobilie:_____

Kaufpreis:_____

Grundstück:_____m²

Wohnfläche: _____m²   Gewerbefläche:_____m²

Garage/Stellplatz:_____   Kaufpreis:_____

Wohnungen:_____   Etagen:_____   Zimmer:_____

Schlafzimmer:_____   Badezimmer:_____

Baujahr:_____   Objektzustand:_____

Ausstattung:_____ Heizungsart:_____

Energieausweis: ☐ Endenergiebedarf:_____

Finanzielles

Maklerprovision: _____

Notarkosten: _____

Grundbucheintrag: _____

Grunderwerbsteuer: _____

Kaufnebenkosten: _____

Bankinformationen:

Bank: _____

Adresse: _____
_____

Ansprechpartner: _____

Tel. Nr.: _____

E-Mail: _____

Kreditnummer: _____

Kreditsumme: _____

Eigenkapital: _____

Zinssatz: _____

Laufzeit: _____

Monatliche Rate: _____

_____ _____

Mieteinnahmen: _____

Rendite: _____

Versicherung: _____

Adresse: _____

_____

Versicherungsnummer.: _____

Versicherungsbeitrag.: _____

Schadensabdeckung: _____

_____

Ansprechpartner: _____

Tel. Nr.: _____

E-Mail: _____

Versicherung: _____

Adresse: _____

_____

Versicherungsnummer.: _____

Versicherungsbeitrag.: _____

Schadensabdeckung: _____

_____

Ansprechpartner: _____

Tel. Nr.: _____

E-Mail: _____

Versicherung: _____

Adresse: _____

_____

Versicherungsnummer.: _____

Versicherungsbeitrag.: _____

Schadensabdeckung: _____

Ansprechpartner: _____

Tel. Nr.: _____

E-Mail: _____

Versicherung: _____

Adresse: _____

_____

Versicherungsnummer.: _____

Versicherungsbeitrag.: _____

Schadensabdeckung: _____

Ansprechpartner: _____

Tel. Nr.: _____

E-Mail: _____

Name: _____

Adresse: _____

_____

Telefonnummer: _____

Mobil: _____

E-Mail: _____

_____

Name: _____

Adresse: _____

_____

Telefonnummer: _____

Mobil: _____

E-Mail: _____

_____

Name: _____

Adresse: _____

_____

Telefonnummer: _____

Mobil: _____

E-Mail: _____

_____

Name: _____

Adresse: _____

_____

Telefonnummer: _____

Mobil: _____

E-Mail: _____

_____

_____

Name: _____

Adresse: _____

_____

Telefonnummer: _____

Mobil: _____

E-Mail: _____

_____

_____

Name: _____

Adresse: _____

_____

Telefonnummer: _____

Mobil: _____

E-Mail: _____

_____

_____

Instandhaltungsprotokoll

Datum	Schaden/Ursache	Kosten	Behoben am/durch

Instandhaltungsprotokoll

Datum	Schaden/Ursache	Kosten	Behoben am/durch

Immobilie 10

Adresse: _____

_____

Tag der
Besichtigung: _____

Maklerinformationen:

Name: _____

Tel. Nr.: _____

E-Mail: _____

Art der Immobilie:_____
Kaufpreis:_____

Grundstück:_____ m²
Wohnfläche: _____ m²   Gewerbefläche:_____ m²
Garage/Stellplatz:_____   Kaufpreis:_____

Wohnungen:_____   Etagen:_____   Zimmer:_____
Schlafzimmer:_____   Badezimmer:_____

Baujahr:_____ Objektzustand: _____
Ausstattung:_____ Heizungsart:_____
Energieausweis: ☐ Endenergiebedarf:_____

Finanzielles

Maklerprovision: _____

Notarkosten: _____

Grundbucheintrag: _____

Grunderwerbsteuer: _____

Kaufnebenkosten: _____

Bankinformationen:

Bank: _____

Adresse: _____

_____

Ansprechpartner: _____

Tel. Nr.: _____

E-Mail: _____

Kreditnummer: _____

Kreditsumme: _____

Eigenkapital: _____

Zinssatz: _____

Laufzeit: _____

Monatliche Rate: _____

_____

Mieteinnahmen: _____

Rendite: _____

Versicherung: _____

Adresse: _____

_____

Versicherungsnummer.: _____

Versicherungsbeitrag.: _____

Schadensabdeckung: _____

_____

Ansprechpartner: _____

Tel. Nr.: _____

E-Mail: _____

Versicherung: _____

Adresse: _____

_____

Versicherungsnummer.: _____

Versicherungsbeitrag.: _____

Schadensabdeckung: _____

_____

Ansprechpartner: _____

Tel. Nr.: _____

E-Mail: _____

Versicherung: _____

Adresse: _____

_____

Versicherungsnummer.: _____

Versicherungsbeitrag.: _____

Schadensabdeckung: _____

Ansprechpartner: _____

Tel. Nr.: _____

E-Mail: _____

Versicherung: _____

Adresse: _____

_____

Versicherungsnummer.: _____

Versicherungsbeitrag.: _____

Schadensabdeckung: _____

Ansprechpartner: _____

Tel. Nr.: _____

E-Mail: _____

Name: _____

Adresse: _____

_____

Telefonnummer: _____

Mobil: _____

E-Mail: _____

_____

Name: _____

Adresse: _____

_____

Telefonnummer: _____

Mobil: _____

E-Mail: _____

_____

Name: _____

Adresse: _____

_____

Telefonnummer: _____

Mobil: _____

E-Mail: _____

_____

Name: _____

Adresse: _____

_____

Telefonnummer: _____

Mobil: _____

E-Mail: _____

_____

_____

Name: _____

Adresse: _____

_____

Telefonnummer: _____

Mobil: _____

E-Mail: _____

_____

_____

Name: _____

Adresse: _____

_____

Telefonnummer: _____

Mobil: _____

E-Mail: _____

_____

_____

Instandhaltungsprotokoll

Datum	Schaden/Ursache	Kosten	Behoben am/durch

Instandhaltungsprotokoll

Datum	Schaden/Ursache	Kosten	Behoben am/durch

www.ingramcontent.com/pod-product-compliance
Lightning Source LLC
Chambersburg PA
CBHW070426220526
45466CB00004B/1558